JUAN QUEZADA

Contado a Shelley Dale por Juan Quezada

Ilustrado por Shelley Dale

"Así es cómo sucedió"

Juan Quezada

NORMAN BOOKS
Santa Monica, CA

Ésta es una historia verdadera. La historia de cómo un niño curioso y con determinación cambió el futuro de su pueblo, pobre y casi abandonado, en el norte de Chihuahua, México. Hoy ese niño, Juan Quezada Celado, es un artista famoso. Su pueblo, Mata Ortiz, es un pueblo de alfareros, conocido en todo el mundo. En 1999, el presidente de México le otorgó a Juan, el Premio Nacional de Ciencias y Artes por el renacimiento del antiguo arte de la cerámica, de la cultura de Casas Grandes. Éste es el mayor honor que un artista puede recibir en México.

—¡Cuéntame la historia acerca del día especial, abuelito! —rogó Chato.

—¿Otra vez? —preguntó Juan, el abuelo de Chato—. Te la conté la semana pasada.

—¡Abuelita, haz que me la cuente!

La abuela Guille pulía con un frijol de chilicote una de las ollas de barro que había pintado su esposo. Hizo un gesto con la cabeza hacia los dos montones de ceniza que aún ardían. Debajo de un montón, cubierta por un quemador de barro cocido, estaba la olla grande de abuelito. Debajo del otro estaba la primera ollita que Chato había hecho él solo.

—Juan, tienes tiempo de contarle la historia mientras las ollas se enfrían —dijo abuelita—. Sabes que Chato no va a parar hasta que lo hagas.

—Yo puedo empezar —dijo Chato—. Un día…

Abuelito se rió. Se quitó el sombrero y se alisó el pelo.
Se puso el sombrero de nuevo y se lo ajustó.

—Así es cómo sucedió —empezó—. Cuando yo tenía
unos trece años, recogía leña con mi burro, Minuto. Traía a
la casa piñones, miel, cualquier cosa para alimentar a nuestra familia de doce.

—Veíamos ruinas de la gente antigua. Había hoyos grandes donde ellos hervían agave para hacer almíbar. Yo encontraba tepalcates de barro duros y cocidos. Algunos tepalcates estaban tiznados por el fuego que usaban para cocinar, y otros tenían colores bellos. Yo quería saber cómo la gente antigua había hecho este barro de color.

—Yo ya sabía hacer figuras del fango que se encontraba cerca del río —continuó abuelito—. Cuando ponía las figuras a secarse en el fuego, se endurecían como los tepalcates, pero se rajaban. ¿Por qué? Era un misterio. Ni la gente más vieja de nuestro pueblo se acordaba de cómo hacer las ollas de barro pintadas.

—Te convertiste en un investigador, ¿no? —preguntó Chato.

—Sí —asintió con la cabeza abuelito—. Me gusta experimentar. Empecé a echar al fuego todo lo que encontraba: barro rojo, piedras de colores, huesos blancos. Buscaba el secreto del barro de color.

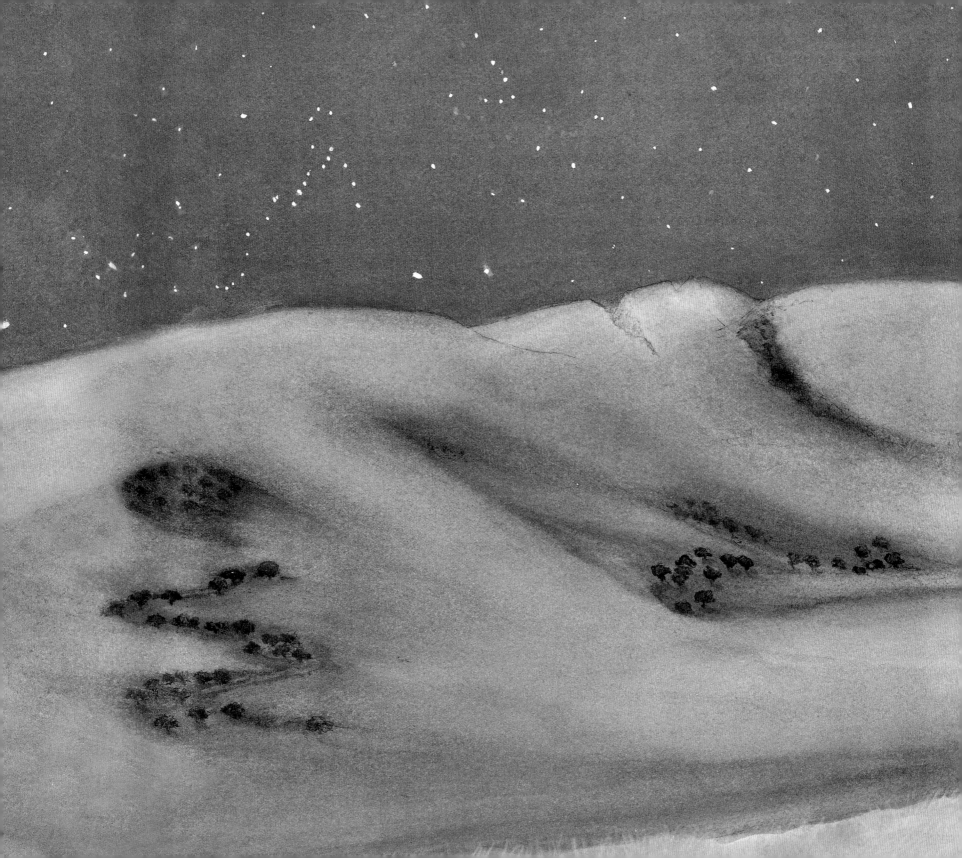

Abuelito hizo una pausa, recordando
muchas noches en sus queridas montañas.

   —Entonces, un día —le recordó Chato.

   —Se me olvida —bromeó abuelito.

   —Mientras Minuto comía… —dijo
Chato.

   —Fui a explorar —dijo abuelito—.
Escondida entre las rocas vi…

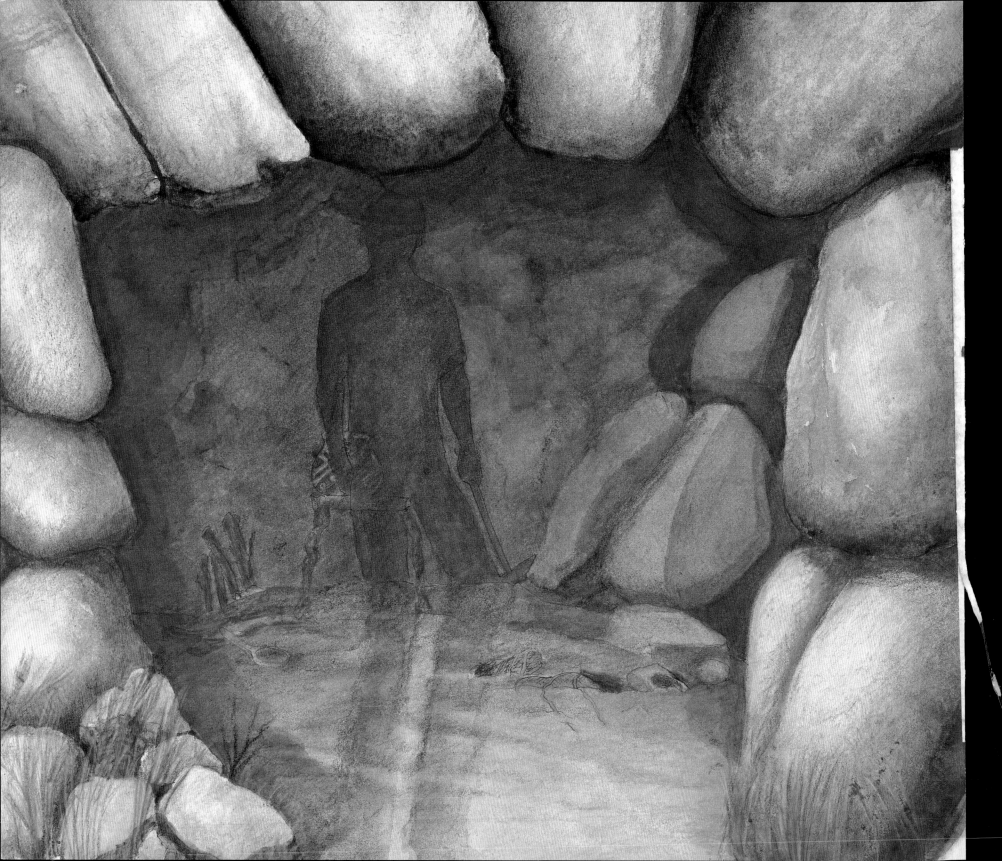

—¡Una cueva! —dijo en voz baja Chato.

—¿Y quién puede resistir la atracción de una cueva?
—preguntó abuelito.

—¡No mi abuelito! —dijo Chato.

—Dentro de la cueva encontré un banquillo de tres patas,
una taza hecha de calabaza, pedazos de unos zapatos tejidos
con fibra de yuca y... —abuelito respiró profundamente.

—¡Una olla! —gritó Chato.

—Sí. ¡Y no estaba rota! —dijo abuelito—. Estaba decorada con franjas blancas. Estaba pintada con los mismos colores y con los mismos diseños de los pedazos que había encontrado en las ruinas. La olla debía de haber estado en el banquillo por lo menos quinientos años. Puse la mano adentro. Toqué con la punta de los dedos las mismas huellas que había dejado el viejo alfarero. En ese momento supe que tenía que encontrar el secreto de cómo hacer una olla pinta como ésta, aunque me tomara toda la vida.

—Probé diferentes maneras de hacer una olla. Puse una tortilla de barro dentro de un tazón de mi mamá. Este molde evitó que el fondo de mi ollita se desmoronara. Entonces, le puse un chorizo gordo de barro al borde de arriba de la tortilla y lo apreté con los dedos para hacerlo más alto.

Abuelito suspiró.

—Pero todavía todo lo que hacía se desbarataba en el fuego.

—¿Por qué no te diste por vencido? —preguntó Chato.

—Escuché los pedazos de piedras y las astillas que crujían debajo de mis pies —contestó abuelito—. Ellos me dijeron que otros muchachos habían vivido aquí hace mucho tiempo, y que hicieron puntas de flechas y ollas. Si ellos lo habían logrado, pues yo también lo haría.

—Necesitabas una pista —sugirió Chato.

—Y la encontré —dijo abuelito—. Los pedazos que había encontrado cerca del río eran más fuertes que los otros. Los miré otra vez. Había algo arenoso en ellos.

¿Qué podría ser?

—Arena —gritó Chato.

—¡Sí! —dijo abuelito—. Cuando les eché arena del río, mis ollas no se rajaron más. Más tarde encontré barro rojo en el rancho de Manuel López y lo mezclé con arena. Esa fue la primera olla que me gustó. Para ese entonces yo ya tenía dieciocho años. Sin embargo, tomó muchos años de búsqueda y prueba hasta encontrar los barros y las pinturas que usamos hoy día.

Chato se sonrió: —¡Hiciste un pincel con el pelo de la cola de una ardilla!

—¿Por qué no? Quería pintar mis propios diseños. Probé plumas de pájaros, espinas de cacto y pelo de perro también —dijo abuelito.

—Y no te olvides de mis plantas —agregó abuelita.

—Sí —admitió abuelito—. Cuando usé varios cabellos de una niña, mis pinturas fluyeron como la respiración.

—Abuelito —dijo Chato—. Nos olvidamos de que Spencer viene antes que los pinceles.

Guille bromeó con su esposo: —Juan —dijo ella—. Quizás debemos dejar a nuestro nieto Chato contar la historia la próxima vez.

—Yo sé lo que sigue —dijo Chato. Y tocó tres veces en el árbol con el puño.

—Un desconocido tocó a nuestra puerta —dijo abuelito.

—Yo abrí la puerta —dijo abuelita. "Buenos días, mi nombre es Spencer MacCallum" —dijo el desconocido—. Spencer me mostró una foto de las ollas de abuelito.

—Busco a la alfarera que hizo estas ollas tan bonitas —dijo él—. Las compré en Nuevo México.

—Le dije que las había hecho yo — dijo abuelito.

Spencer se sorprendió de que un hombre hiciera cerámica. Le contesté que podía hacer ollas mejores si no tuviera que pasar tanto tiempo trabajando para la compañía de ferrocarril.

Spencer comprendió. Llegamos a un acuerdo. Por varios años Spencer ayudó a mantener a nuestra familia. Spencer sabía que así yo tendría más tiempo para experimentar y mejorar mis ollas.

—Spencer llevó las ollas de abuelito a los museos —dijo abuelita—. Cuando la gente vio su trabajo, hicieron exposiciones. Las escuelas invitaron a abuelito para que enseñara a los niños.

—Yo enseñé a mi hermano Nicolás a hacer ollas —dijo abuelito—. Y también a mis hermanas Consolación y Reynalda. Enseñamos a todo el que quería aprender. Cuando comenzamos a ganar dinero haciendo ollas, muchas familias que se habían ido del pueblo en busca de trabajo, regresaron para aprender a hacer cerámica.

—Yo estoy aprendiendo también, ¿verdad abuelito? —preguntó Chato.

—Sí, vas a ser un buen alfarero —dijo abuelito—. Ven, es hora de ver nuestras ollas.

Abuelito levantó el quemador grande de encima de su olla. Chato levantó su quemador.

—Mira abuelita —dijo Chato.

—Esa es una ollita muy bonita —dijo abuelita.

—De verdad que lo es, Chato —dijo abuelito—. Vamos a observar nuestro trabajo con cuidado.

Abuelito recogió su olla grande y la alzó bien alto.

Chato recogió su ollita y la alzó bien alto.

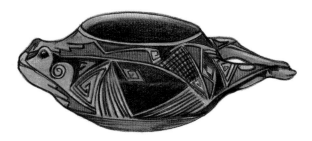

—El día que yo encontré la olla pinta en la cueva
fue un día especial, Chato —dijo abuelito—.
Ese día cambió la vida de todos en nuestro pueblo.
Pero hacer ollas con mi nieto, es en
verdad algo muy especial para mí.

HISTORIA

Mesoamérica y el Gran Chichimeca

A la parte central de México se le conoce como Mesoamérica. Se extiende desde el Golfo de México hasta la costa del Pacífico y desde las junglas tropicales del sur hasta el Trópico de Cáncer a orillas de los desiertos del norte. Desde tiempos prehistóricos esta área ha sido el centro de las avanzadas culturas mexicanas, un área donde florecieron el comercio y las artes. Al norte del Trópico de Cáncer vivieron los Chichimecas, que significa "hijos de perros". Ellos anduvieron por los desiertos salvajes cazando animales y recogiendo plantas y semillas para comer. Este enorme y áspero territorio se conocía como El Gran Chichimeca. Se extendía hacia el norte del Trópico de Cáncer hasta lo que es hoy la frontera entre México y Estados Unidos, llegando hasta el estado de Colorado. Enormes cordillas al este y al

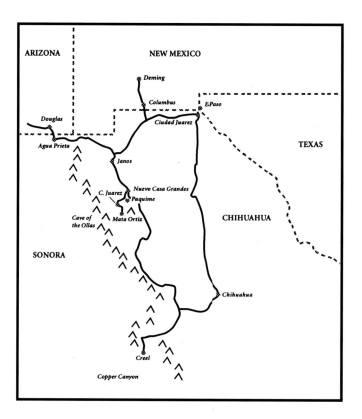

oeste crearon rutas de viaje, de norte a sur, sin barreras internas. Esta ruta se extendía al norte, a través del Gran Chichimeca, y hacia el sur entraba en Mesoamérica.

Paquimé

Aproximadamente en el año 1.000 DC, se estableció una tienda de intercambio en el Gran Chichimeca, 150 millas al sur de la frontera de hoy, en lo que es ahora el estado de Chihuahua. Ésta creció hasta convertirse en una ciudad grande y el centro de la cultura de Casas Grandes. Los españoles le dieron este nombre por las grandes ruinas de casas y edificios que encontraron cuando llegaron a finales del siglo dieciséis. La ciudad que hallaron se llamaba Paquimé. Sin embargo, los habitantes de Casas Grandes ya no vivían allí. Los arqueólogos comenzaron a excavar este sitio a principios de la década de 1960, y por años han estudiado lo que allí encontraron. No se pueden poner de acuerdo de dónde vino la gente ni a dónde se fue. Algunos creen que los puchtecas o sea, los comerciantes viajeros, llegaron del norte, de Mesoamérica, establecieron un centro de intercambio comercial e intercambiaron productos, y las ideas de las culturas más avanzadas del sur. Otros sostienen que Paquimé fue fundada por jefes religiosos de los indios Pueblo del norte, en lo que hoy es Estados Unidos.

Como quiera que haya comenzado, no hay lugar a dudas de que Paquimé se convirtió en un centro comercial muy importante entre las culturas del norte y Mesoamérica. Los arqueólogos encontraron bodegas llenas de objetos para el comercio, incluyendo turquesas de Arizona, conchas de las playas del Pacífico, plumas de guacamayas de las junglas sureñas, y adornos de cobre hechos en Paquimé, utilizando técnicas de Mesoamérica.

Uno de los artículos más importantes que encontraron fue la cerámica. La gente de Casas Grandes fabricaron ollas sencillas para transportar agua, para cocinar y para almacenar maíz. Pero también encontraron ollas mucho más delicadas hechas de barro blanco y amarillo. Éstas eran decoradas con diseños rojos y negros, algunas con figuras geométricas y otras con aves y víboras. Algunos de los diseños fueron originales y otros fueron influenciados por la cultura mesoamericana, como por ejemplo, la serpiente emplumada, el Dios Quezalcóatl. Fueron estos fragmentos de alfarería, dejados por estas culturas antiguas, los que inspiraron a Juan Quezada a comenzar a experimentar con el barro. (Walter P. Parks)

Tiempos Modernos

Durante los siglos dieciocho y diecinueve, los Apaches controlaban una parte de lo que es ahora Chihuahua, Sonora, Texas, Nuevo México y Arizona. Gerónimo, el último caudillo guerrero Apache jugó al gato y al ratón con las tropas estadounidenses por unos dieciséis meses. En 1886 Gerónimo se rindió. En Chihuahua, los Apaches continuaron unos años más bajo el caudillo Victorio, hasta que el militar, Juan Mata Ortiz, los derrotó en la batalla de Tres Castillos. Esto dio fin a las guerras de los indígenas en Estados Unidos y en el norte de México.

Durante los primeros años del siglo dieciocho una empresa maderera empezó a talar los bosques de las montañas de la Sierra Madre, encima de donde está hoy día Mata Ortiz, un pueblo pequeño 20 millas al sur de Paquimé. La empresa creó un pueblo próspero y una red de ferrocarril hasta 1910, cuando Pancho Villa y la Revolución Mexicana trajeron consigo la redistribución de las tierras. Para 1960, el ferrocarril, la empresa maderera y la mayor parte de la población de Mata Ortiz abandonaron el sitio en busca de nuevas oportunidades en otras partes. La familia de Juan Quezada fue una de las pocas que se quedaron.

En 1976, cuando Spencer MacCallum tocó a la puerta de la casa de Juan, éste, tenía 36 años de edad. Había pasado 22 años ensayando hasta lograr revivir, sin ayuda alguna, la tradición alfarera de Casas Grandes. Juan piensa que este logro es un don de Dios. Al compartir este don con su familia y con su pueblo, estableció un estilo único y novedoso, que hoy día se considera como la marca característica de la alfarería de Mata Ortiz.

¿DE DÓNDE VIENE EL BARRO?

La lluvia, el viento y el agua desgastan una clase de roca llamada feldespato. La roca se descompone y se convierte en barro. Los colores se producen por la presencia de óxidos metálicos tales como el hierro y el cobre (amarillo, verde, rojo) o manganeso (marrón y negro).

Juan muele cada roca de color en el metate con una mano. Para hacer sus pinturas mezcla el mineral molido con agua y con un poquito de barro del mismo color. Pinta la olla con esta mezcla, usando un pincel hecho del cabello de una nieta. Antes de cocer la olla, Guille la pule varias veces.

La mesa de trabajo de Juan con los minerales vírgenes.

Una mano y un metate de piedra.

¿CÓMO ENCUENTRA JUAN EL BARRO?

Juan utilizaba barro amarillo y rojo cuando tenía unos veinte años, pero no había podido localizar el barro blanco que había visto en los tepalcates antiguos.

Cuando sus hijos eran pequeños, Guille y Juan caminaban hasta la montaña para tener un picnic. Una tarde, Juan se fijó que las hormigas sacaban unos pedacitos blancos muy pequeños de un túnel. Se acercó al hormiguero y observó con mucho cuidado. Rápidamente, Juan excavó un hoyo. ¡Las hormigas cargaban barro blanco! Estaba mezclado con ceniza volcánica. Juan excavó más hondo hasta donde el barro pesado se había enterrado en la ceniza. Como la arena del río, la ceniza impide que el barro se raje.

La ceniza de los volcanes es más fuerte en el fuego y más suave para pulir que la arena. Juan se dio cuenta de que era mejor encontrar barro con esta mezcla natural.

Hoy día, Juan y sus hijos son dueños de la tierra donde él recogía leña cuando era niño. Él comparte esta vena blanca perfecta y muchas otras fuentes de barro con todos los que quieren excavarla.

—Dondequiera que el sol brilla, es para todos
—dice él.

La fuente de barro blanco de Juan al lado del lugar donde hacían picnics.

LECCIÓN PARA LOS GRADOS K-6

Esta lección cumple con los cuatro requisitos de la norma nacional de educación, desde el jardín de infancia hasta el 6⁰ grado: percepción artística, expresión creativa, contenido histórico y cultural, y valor estético.

OBJETIVO: Usar los elementos del arte visual para crear un diseño personal en una "olla" de globo. Los estudiantes experimentarán con la forma de arte perfeccionada por Juan Quezada y los indígenas americanos. Ellos harán un estudio acerca de los símbolos culturales de los tiempos antiguos así como los de hoy día.

Las formas se hacen con las líneas para definir el contorno o para crear el valor de la luz o de la oscuridad por medio de la repetición de las líneas. La emoción se crea con las curvas suaves y la simetría, o líneas geométricas fuertes y balance asimétrico.

MATERIALES: por estudiante

Papel de calcar, carboncillo suave, borrador, un tazón, un globo blanco y redondo de tamaño pequeño, un plato para pinturas, agua, dos cucharadas de acrílico negro o témpera mezclada con goma de pegar líquida.

Un pincel suave, fino, de cerdas largas para pintar acuarela o varios cabellos de mediano grosor de tres pulgadas de largo de un/a estudiante, sujetos a la punta de un palillo chino con cinta adhesiva y cortados parejo.

PROCEDIMIENTO:

1. Muestre imágenes de Casas Grandes, Mata Ortiz y de diseños de los indígenas americanos a la clase. Discutan en qué se basan los símbolos y el significado que tienen estos objetos dentro de sus respectivas culturas. Si desea, incluya símbolos contemporáneos como el símbolo de los minusválidos.

2. Con carboncillo trace o dibuje una línea de contorno continua, incluyendo patrones de varios objetos favoritos que se ven o se usan diariamente. Simplifique el dibujo borrando parte de las líneas de cada objeto, pero conserve lo esencial de las características del objeto. Experimente con varias versiones. Complete cualquier área con patrones de líneas para crear valor e impacto. Los estudiantes más pequeños pintan sobre el carboncillo con pintura negra u otro medio.

3. Los estudiantes mayores continúan llenando un globo con suficiente agua para que se mantenga estable en el tazón una vez que esté inflado y amarrado. Agarrando el pincel, arrástrelo por la "olla" para dibujar el símbolo. Para lograr mejores resultados, pídales que usen pinceladas cortas y pintura líquida y permítales alterar el símbolo. Anime a los estudiantes a que experimenten.

4. Discutan qué pudiera deducir un/a arqueólogo/a del siglo 25 acerca de la cultura de ellos, basándose en sus "ollas".

Para información adicional visite www.normanbooks.com

K-6 LESSON PLAN

This lesson plan meets National Content Standards for K-6: Artistic Perception, Creative Expression, Historical and Cultural Context, and Aesthetic Valuing

OBJECTIVE: Use of <u>visual art elements</u> to evolve a personal design on a balloon "pot." Students will experiment with the art form perfected by Juan Quezada and Native Americans. They will research cultural symbols from long ago and today.

Shapes are created through the use of <u>line</u> to define contour or to create a <u>value</u> of light or dark by the <u>repetition</u> of lines. Emotion is created through gentle curves and symmetry, or harsh geometric lines and asymmetrical <u>balance</u>.

MATERIALS: per student

Tracing paper, soft charcoal, kneaded eraser, cereal bowl, small round white balloon, paint dish, water, 2 Tablespoons black acrylic paint, or tempera paint mixed with liquid glue. Soft bristle long hair, thin watercolor brush, or: several strands 3" long medium-bodied hair from a student, duct taped to the sharpened end of a balsa wood chopstick, then cut evenly.

PROCEDURE:

1. Show images of Casas Grandes, Mata Ortiz and Native American designs to the class. Discuss what the symbols are based upon, and the significance of these objects within the respective cultures. If desired, include contemporary symbols, such as a handicap sign.

2. With charcoal on tracing paper, loosely trace or draw a continuous contour line, including inside patterns, of several favorite objects seen and used daily. Simplify by erasing parts of lines on each object, but keep the essence of the object's character. Experiment with several versions. Fill in any areas with <u>patterns</u> <u>of lines</u> to create <u>value</u> and impact. Young students paint over charcoal with black paint or other media.

3. Older students may continue by filling a balloon with enough water to keep it stable in the cereal bowl when inflated and tied. Lay the Brush on the balloon and PULL it across the "pot" to draw the symbol. Using short strokes, fluid paint, and altering the symbol will lessen frustration. Encourage experimentation.

4. Discuss what a 25th c. archaeologist might deduct about the student's culture from their "pots."

GRACIAS

Mi agradecimiento al original Norman, a June, Sascha, Craig, Arlo y Danielle, por su continuo apoyo.

Para Tom Fresh, Spencer MacCallum, Walter Parks, Herman y Marisa Knecthle, Rose Figueroa, Teresa Mlawer y Vanessa Acosta, por su paciencia y generosa ayuda con la traducción, fotografías, historia y viajes; todos los detalles que me ayudaron a comprender y a poder compartir la historia de Don Juan y la historia de Mata Ortiz.

Para Juan y para Guille, quienes me invitaron a su hogar y a su vida como si yo fuese parte de su familia. Este libro es para las futuras generaciones de Mata Ortiz y para los niños de todo el mundo, un regalo de Don Juan. Lo que aprendí personalmente de Don Juan, de Doña Guille y de los alfareros se extiende mucho más allá del arte de la cerámica.

Para Chato por no atinarme con su resortera y por tolerar que lo fotografiara.

A los pueblerinos de Mata Ortiz por su extraordinaria hospitalidad.

Para Terry

Text copyright © 2002 by Shelley Dale
Illustrations copyright © 2002 by Shelley Dale
All rights Reserved

ISBN 0-9708617-0-2 HC
PCN 2002110789

Diseño de Rudy J. Ramos
Printed in Korea

9 8 7 6 5 4 3 2 1

Las ilustraciones fueron realizadas en acuarela, tinta y lápiz de color.

Categorías: Alfarería, Arte, Artistas, Biografía, Casas Grandes, Cerámica, Chihuahua, Español, Hispanos y Latinos, Historia oral, No-ficción juvenil, México, el arte de contar cuentos o historias, Quezada, Juan.

Resumen: El abuelo Don Juan, la abuela y el nieto producen alfarería y comparten las historias de Don Juan. Recuentan la historia de cómo, sin ayuda de nadie, Don Juan revivió su pueblo y lo hizo famoso por su alfarería.

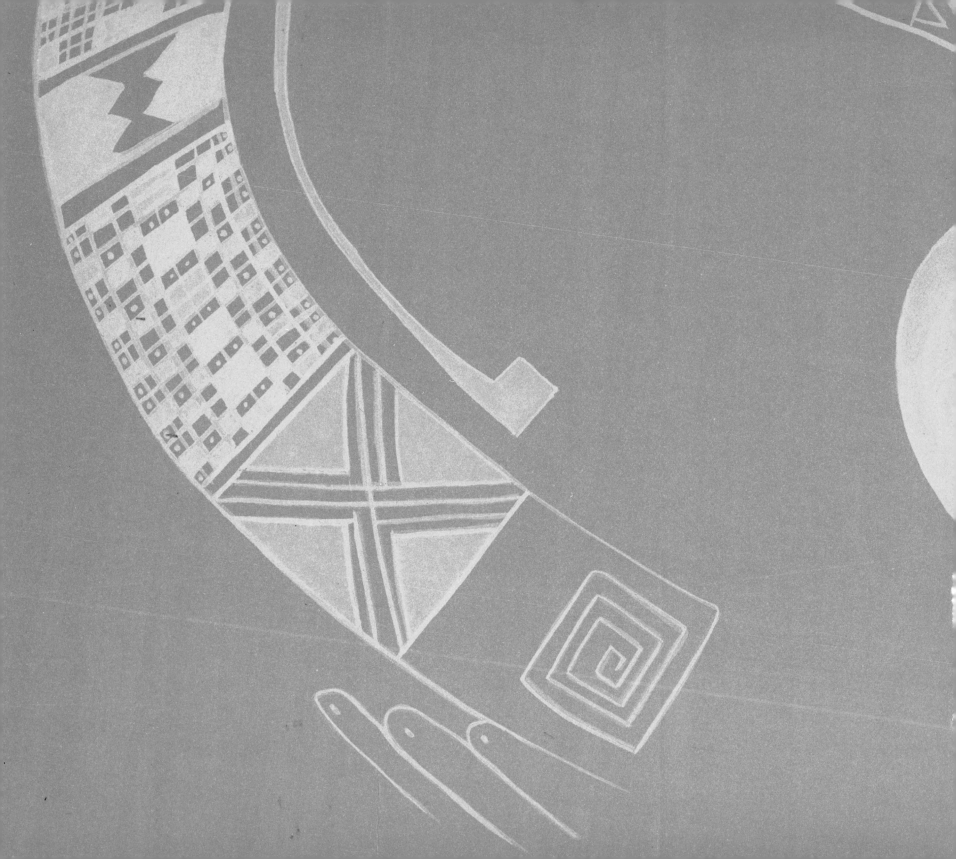